Sabine Naegeli
Du hast mein Dunkel geteilt

W0056195

Sabine Naegeli

Du hast mein Dunkel geteilt

Gebete an unerträglichen Tagen

Herder
Freiburg · Basel · Wien

Alle Rechte vorbehalten. Printed in Germany

© Verlag Herder Freiburg im Breisgau 2001

Umschlaggestaltung: Finken & Bumiller

Umschlagbild: K. Finken

Herstellung: Clausen & Bosse, Leck

Gedruckt auf umweltfreundlichem,

chlorfrei gebleichtem Papier

ISNB 3-451-27477-9

Inhalt

Ein Wort zuvor 7

Sehnsucht nach Trost 9

Den Schmerzen ausgeliefert 10

Wenn die Müdigkeit groß wird 11

Wenn die Last zu schwer wird 13

Das Eingeschlossensein überdauern 15

Wenn ich keinen Weg erkenne 17

An unerträglichen Tagen 19

Die Dunkelheit teilen 21

Eingeschlossen im Schmerz 23

Wenn nichts mehr gelingen will 25

In schlaflosen Nächten 28

Wenn die Schatten wachsen 30

Ich brauche innere Heilung 32

Den neuen Tag fürchten 35

Im Ringen um Verzeihenkönnen 36

Das Böse in mir 38

Einstehen für fremde Schuld 40

Die Entfremdung überwinden 42

Ich will umkehren 44

Mit Entbehrungen leben 46

Abschiednehmen 49

Trennung bestehen 51

Im Angesicht des Todes 53

Betroffen vom Leid deines Volkes 55

Ich dürste nach Leben 57

An Gott leiden 59

Gott suchen 61

Halt suchen 63

Sehnsucht nach Gott 65

Zu Gott fliehen 67

Das Schweigen brechen 69

Wenn die Kraft des Glaubens nicht standhält 71

Geborgenheit brauchen 73

Dennoch vertraue ich 76

Stellvertretend glauben 79

Das Elend der Kirche 81

Sein, der ich bin 83

Zum Lob befreit werden 85

Wer bin ich? 86

Ein Mensch sein wollen

    nach dem Herzen des Herrn 88

Das Habenwollen überwinden 90

Ich möchte liebesfähig sein 92

Liebe leben lernen 94

Meine Kinder brauchen mich 97

Das Entsetzen teilen 100

Elend wahrnehmen 102

Das zerstörte Antlitz des Menschen 104

Zusammengehören mit dem Gekreuzigten 106

Wieder glauben können 108

Um den Segen bitten 110

Segen 112

Ein Wort zuvor

Es gibt in unserem menschlichen Leben immer wieder einmal Tage, an denen wir uns als Zerschlagene, als Mutlose, als Zerstörte vorfinden. Wir sind flügellahm geworden; unsere Lebenskraft ist gebrochen; eine unwiderstehliche Müdigkeit bemächtigt sich unser, der das Gefühl des Verlassenseins innewohnt. Wir spüren nachhaltig, wie begrenzt unsere Tragfähigkeit ist. Oft machen wir die Erfahrung, dass sich uns das Gebet »an unerträglichen Tagen« verweigert. Für diesen und jenen unter uns mag es dann hilfreich sein, wenn das Gebet eines anderen ihm die Stimme verleiht, die ihn aus seinem Verstummen befreit. Worte der Hoffnung nachzusprechen mag zunächst schwerfallen, weil wir ja gerade in solchen Situationen der Hoffnung ermangeln. Und doch scheint mir solches Nachsprechen sehr wichtig. Das Herz mag lange unerreicht bleiben, aber wir dürfen hoffen, dass es eines Tages unvermutet mitzuschwingen beginnt. So geht dieses Büchlein mit dem Wunsch hinaus, dass es ein Stück Hilfe sein möchte, das Gespräch mit Gott an Tagen, die uns verdunkelt sind, nicht abreißen zu lassen oder es gerade dann neu zu suchen.

St. Gallen   *Sabine Naegeli*

Sehnsucht nach Trost

Trost ist
nicht weniger lebenswichtig
als Brot.

*H*err,
ich habe
ein so verzweifeltes Verlangen
nach Getröstetwerden.
Es ist niemand da,
der meine Hand hält,
an dessen Brust
ich mich flüchten,
in dessen Arme
ich mich bergen kann,
bei dem ich weinen darf,
der mir Trost zuspricht.

Herr, ich habe gelernt,
dass du mir Zuflucht sein willst,
aber es ist nur ein Wissen des Verstandes.
Mein Herz vermag es nicht zu stillen.
Ich bitte dich,
lass mich deine Nähe erfahren
wie die Nähe eines geliebten Menschen.
Birg mich, Herr, an deinem Herzen.

Den Schmerzen ausgeliefert

Wie berauben wir uns selbst,
wenn wir das heilende Tun Jesu eingrenzen
auf die Zeit seines Erdenlebens.
Das Evangelium will uns nicht berichten,
was Jesus vorzeiten tat,
sondern wer er für uns ist
und was er hier und heute an uns tun kann.

Gott,
ich fühle nur die unablässigen Schmerzen,
die meinen Leib durchbohren.
Ich kann keinen klaren Gedanken mehr fassen.
Es ist kein Gebet in mir.
Nimm mein Stöhnen als Gebet an.

Wenn die Müdigkeit groß wird

Immer wieder
die Angst,
zu versinken
in den Fluten,
die über mich
hereingebrochen sind.
Und doch
gibt es
Sternstunden:
da weiß ich,
dass Einer
mich
durch alle Wogen
nach Hause trägt.

Manchmal, Herr,
bin ich so müde,
dass ich nichts sehnlicher wünsche
als auszulöschen,
nicht mehr sein zu müssen.
Manchmal wird mir das Leben
zu einer Last,
die ich abwerfen möchte.

Manchmal, Herr,
bin ich gänzlich unfähig,
mir vorzustellen,
wie es ist,
unbeschwert und fröhlich zu sein,
Schwung zu haben,
den Alltag anzupacken.
Alt und verbraucht
fühle ich mich.

Wenn diese lähmende Müdigkeit
nach mir greift,
dann lass mich Zuflucht finden,
mein Gott, bei dir.
Erinnere mich,
wie oft du mich schon befreit hast
aus solchen Tiefen.
Herr, ich will den Stimmen
des Misstrauens in mir
keinen Glauben schenken.
Du wirst mich nicht verlassen.
Mut und Freude
werden wiederkommen.
Ich lasse deine Verheißungen
nicht los.

Wenn die Last zu schwer wird

Dein Leid,
Schwester,
verschließt mir
den Mund.
Ein falsches Trostwort,
und deine Einsamkeit
wächst ins Unendliche.
Deine Hand,
Schwester,
halte ich,
und mein Herz
schreit für dich
zu ihm.
Lästig
will ich ihm werden
mit meinem Schreien,
bis dass er dir
den Tröster
sende.

Gott,
mein Leben ist mir zu einer Last geworden,
die ich kaum noch zu tragen vermag.

Am Tage warte ich,
dass es endlich Abend wird,
und in schlaflosen Nachtstunden
warte ich auf den Morgen.
Herr,
du weißt, dass ich schon längst
an den Grenzen meiner Belastbarkeit
angekommen bin,
dass meine Lebenskraft gebrochen ist.
Lange habe ich versucht,
mir deine Verheißungen vorzusprechen,
aber sie erreichen mich nicht mehr.
In unendliche Fernen gerückt
bist du mir.
Ich kann nicht mehr in mir zurückrufen
die Zeiten, da dein Wort
mir Hilfe, Trost und Freude war.
Und doch habe ich ein unermessliches Verlangen,
dich neu zu erfahren
als den, der mich auffängt,
als den, der mich tröstet,
als den, der mich wieder atmen lässt,
als den, zu dem ich gehören darf.
Herr, mein Gott,
warte nicht länger.
Ich kann nicht mehr.
Ich bitte dich: Komm!

Das Eingeschlossensein überdauern

Die Befreiung liegt nicht immer darin,
dass verschlossene Türen sich öffnen,
sondern darin, dass wir in der Enge
nicht allein gelassen werden.

Mein Gott,
ich weiß nicht,
wie dein Geist zu mir kommen soll,
wenn die Schwermut
alle Türen
mit eisernen Riegeln verschließt.
Ich weiß nicht,
wie ich dir vertrauen soll,
wenn nicht du selbst
mich dazu bereit und fähig machst.
Ich weiß nicht,
wie ich dich wahrnehmen soll,
wenn meine Augen von Tränen blind sind.
Ich weiß nicht,
wie ich deine Stimme hören soll,
wenn in meinen Ohren
die Schreie der Verzweifelten dröhnen.

Ich weiß nicht,
wie ich dich lieben soll,
wenn ich dein Nahesein nicht erfahre.
Einst kamst du zu den Deinen
durch verschlossene Türen.
Komm auch zu mir.
Zerbrich meine Ketten.

Wenn ich keinen Weg erkenne

Es gibt keine Ausweglosigkeit
für die, die zu Christus gehören.
Was sich unserem Auge
als unüberwindliches Hindernis darstellt,
kann von ihm be-wegt werden.

Ich weiß nicht,
was ich tun soll.
Ich bin gänzlich überfordert.
Ich kann mich der Entscheidung
nicht länger entziehen,
mein Gott,
und das ängstigt mich,
denn ihre Folgen
sind nicht überschaubar.
Mein Leben wird in ganz tiefer Weise
geprägt werden
von diesem Entschluss.

Ich trage eine so schwere Verantwortung,
denn immer wird meine Entscheidung
das Schicksal anderer Menschen mitbetreffen.

Ich kann nicht stehen bleiben,
und doch erkenne ich
keinen Weg.
Ich muss eine Richtung einschlagen,
ohne zu wissen,
ob sie sich zum Weg öffnen
oder sich als Irrweg erweisen wird.
Wie ich auch entscheide,
es wird kein Zurück geben.

Mein Gott,
ich bitte dich,
hilf mir zurecht
im Chaos meiner Gedanken.
Zerrissen bin ich
und weiß nicht ein noch aus.
Gib mir ein weises Herz.
Lass mich tapfere Schritte tun.
Du weißt den Weg.
Leite mich.
Ich vertraue dir.

An unerträglichen Tagen

Die Last des Tages
annehmen,
sich ihr geduldig
beugen.
Nicht wissen müssen,
ob die Kraft
noch ausreicht
für morgen.
Den heutigen Tag
bestehen.
Das ist genug.

Die Last des Tages
annehmen.
Nicht,
weil sie tragbar ist,
nicht,
weil du stark genug bist,
nicht,
weil kein Fluchtweg offen steht.
Die Last des Tages
annehmen,
weil Einer da ist,
der zu dir sagt:
»Ich stärke dich.«

*H*err, mein Gott,
es gibt Tage,
an denen alles versandet ist:
die Freude,
die Hoffnung,
der Glaube,
der Mut.

Es gibt Tage,
an denen ich meine Lasten
nicht mehr zu tragen vermag:
meine Krankheit, meine Einsamkeit,
meine ungelösten Fragen,
mein Versagen.

Herr, mein Gott,
lass mich an solchen Tagen erfahren,
dass ich nicht allein bin,
dass ich nicht durchhalten muss
aus eigener Kraft,
dass du mitten in der Wüste
einen Brunnen schenkst
und meinen übergroßen Durst stillst.

Lass mich erfahren,
dass du alles hast und bist,
dessen ich bedarf.
Lass mich glauben, dass du meine Wüste
in fruchtbares Land
verwandeln kannst.

Die Dunkelheit teilen

Lieben heißt
sich einlassen auf das Leid.

Voller Entsetzen
ist mein Herz
angesichts der endlosen Schrecken,
die du zulässt
im Leben des Menschen,
den ich liebe.
Völlig hilflos zu sein
vor soviel auswegloser Not
bringt mich der Verzweiflung
mehr als nahe.
Ich bin wie gelähmt.
Wo bist du, Gott?
Warum lieferst du ihn
so unermesslichem Leid aus?

Du bist ein Gott,
vor dem ich mich fürchte.
Und doch kann ich vor dir
nur zu dir flüchten.
Bettlerin möchte ich sein
vor dir,

rufen und schreien,
schreien und rufen,
bis du dich erbarmst.

Eingeschlossen im Schmerz

Wer mag
dich so verwundet haben?
Wer mag
gewaltsam
in dein Innerstes
gedrungen sein,
in Räume,
die ihm nicht gehörten?
Wer ist
mit dem, was du ihm anvertraut,
so unbehutsam
umgegangen,
dass du entsetzt
dein Herz verbargst
und nicht mehr wagst,
die Mauern zu verlassen?

Wir kennen einander
schon so viele Jahre,
und doch weiß ich nicht,
wer er eigentlich ist.
Ich spüre,
dass er schwere Last trägt;

seine Augen
verraten mir Trauer;
sein Rücken
wird immer gebeugter.
Aber er gibt sich frohgemut.
Er verbirgt seinen Schmerz
hinter lächelndem Gesicht.
Wie weh tut mir, Herr,
sein Leid!
Wie einsam macht ihn
die unsichtbare Mauer,
mit der er sich umgibt.
Ich bitte dich,
löse ihm die Zunge.
Schenke ihm,
dass er vor dir
sein Herz ausschütten,
dass er vor dir
weinen kann.
Schenke ihm
einen behutsamen Menschen,
dem er sich
aufzuschließen wagt.

Wenn nichts mehr gelingen will

Gott
trägt auch die Last,
die du dir selber
manchmal bist.

*H*eute
ist ein schwerer Tag,
mein Gott;
was ich auch beginne,
alles scheint zu misslingen.
Enttäuschung und Ärger
wechseln einander ab.
Es ist,
als habe sich alles
gegen mich verschworen.
Gereizt bin ich
und lasse meinen Unmut
an meinen nächsten Menschen aus,
obwohl es mich insgeheim schmerzt,
ihnen Unrecht zu tun
und sie zum Opfer meiner Missstimmung
zu machen.

Unerträglich bin ich,
Herr,
und mir selber eine Last.
Ich flüchte zu dir.
Nichts ist wichtiger jetzt,
als vor dir zu sein.
Und doch:
während ich zu beten versuche,
fliehen meine Gedanken
in unzählige Richtungen.
Hab Dank,
Herr,
dass du mich trotzdem liebevoll annimmst.
Gib mir den Blick
für die Rangordnung der Dinge wieder.
Lehre mich
das Wesentliche vom Unwesentlichen
unterscheiden.

Im Grunde weiß ich,
dass mein Unwille
ja nur dann so maßlos wird,
wenn ich meinen Eigenwillen
gewaltsam durchzusetzen trachte.

Gib mir,
mein Gott,
die Demut,
die Dinge,
die meinem Wünschen zuwiderlaufen,
geduldig anzunehmen,
und erfülle mein ruheloses Herz
mit deinem Frieden.

In schlaflosen Nächten

Nicht vor dem Schmerz fliehen,
sondern wissen,
wohin wir mit dem Schmerz fliehen können,
darin liegt die Befreiung.

*D*er Schlaf verweigert sich mir.
Dunkle Schatten
legen sich über die Gedanken.
Wie der Nebel dem Boden entsteigt,
so steigt der Schmerz auf
aus den Tiefen der Seele
und deckt alle Getrostheit zu.
Ich bekämpfe ihn nicht.
Ich fliehe mit ihm zu dir,
mein Gott,
und bette mich in deine Arme.
Geborgen bin ich
an deinem Herzen.
Auch wenn ich es jetzt nicht fühle:
Du bist da.
Es ist nicht wichtig,
dass ich auf alle Fragen eine Antwort finde.
Du wachst über mir.

Du entmächtigst meine Ängste.
Du löst mich behutsam los von mir.
Bei dir kommt mein unruhiges Herz
zur Ruhe.
Mein Gott, ich danke dir.

Wenn die Schatten wachsen

Wenn die Finsternis
immer finsterer wird
und die Nacht
uns zu verschlingen droht,
wollen wir dessen eingedenk sein,
dass Ostern anbrach,
als es Nacht war.

Wenn sich die dunkle Nacht
der Schwermut
einer eisernen Klammer gleich
um meine Seele legt
und alles Leben aus mir weicht,
lass mich in deine Hände fallen, Gott,
denn du bist meine Zuflucht
in der Nacht der Seele.
Alle Kraft ist dein:
die Kraft zu bergen
und zu trösten,
die Kraft aufzurichten
und zu heilen,
zu verwandeln
und zu erneuern,

lebendig zu machen
und Hoffnung zu wecken.
Du lässt es Tag werden in mir,
und im Morgengrauen
werde ich erkennen:
Du warst Gefährte meiner Nacht.

Ich brauche innere Heilung

Geweint oder ungeweint,
alle deine Tränen
sind gezählt.
Von Anbeginn
sind alle deine Leiden
mitgelitten,
deine Einsamkeiten
geteilt.
Aufgehoben
ist dein Verwundetes
am Herzen
des Herrn.

Du bist ein Gott,
der das Zerbrochene heilt.
Herr, in meinem Leben
ist so vieles zerbrochen.
Schon als Kind
musste ich erfahren,
dass ich nicht so geliebt war,
wie ich es gebraucht hätte.
Es gibt Erinnerungen
an meine Kindheit, Herr,

die mir bis heute
schwer zu tragen geben.
Vor dir möchte ich sie aussprechen,
damit du sie heilen kannst. –

Herr, du weißt,
dass ich als junger Mensch
von so großen und starken Erwartungen
an das Leben
erfüllt war.
Du kennst
meine Lebensgeschichte.
Du weißt,
dass sie immer wieder
eine Geschichte zerbrochener Hoffnungen war,
dass vieles in mir
leer blieb,
was doch nach Erfüllung schrie.

O Herr, ich habe Angst
hart und bitter zu werden.
Ich bitte dich,
erfülle du mich
mit dem Vertrauen,
dass du auch meiner Lebensgeschichte
einen unverlierbaren Sinn
verliehen hast.

Heile alles Enttäuschte,
alles Erschreckte und Verwundete
in den Tiefen meiner Seele.
Heile mich
von allen trügerischen Erwartungen,
von dem Drang,
meine Mitmenschen
durch überhöhte Ansprüche zu überfordern.

Lass mich alles,
was mir im Tiefsten not tut,
von dir erwarten.
Lass mich nicht an mich reißen wollen,
was mir doch
keine letzte Erfüllung
geben kann.
Herr, erfülle du mich,
dann werde ich
heil.

Den neuen Tag fürchten

Dem gnädigen Dunkel der Nacht entrissen,
des Traumlandes verwiesen,
preisgegeben dem Erwachen,
ausgeliefert an die alte Last.
Sei ohne Furcht!
Am Ufer des neuen Tages
bist du erwartet.

Wie oft,
mein Gott,
habe ich deine Hilfe erfahren.
Dennoch habe ich es noch immer nicht gelernt,
in den Talsohlen meines Lebens
gelassen und getrost zu bleiben,
den Schmerz einzulassen,
still zu warten,
wie man das Vorübergehen
eines Unwetters abwartet.
Mir graut vor jedem Erwachen.
Fliehen möchte ich vor jedem neuen Tag.
Warum nur fürchte ich mich so sehr?
Du, mein Gott, bist doch bei mir.

Im Ringen um Verzeihenkönnen

Meine Unfähigkeit zu vergeben
macht offenbar,
dass die Wunde, die mir zugefügt wurde,
nicht geheilt ist.
Wenn ich bereit bin,
mein Verletztes von Gott heilen zu lassen,
dann steht der Weg
zum Vergebenkönnen
offen.

Diesem Menschen vergeben,
nein, Herr,
das vermag ich nicht.
Zu schwer
trage ich
an der Zerstörung,
die er angerichtet hat
in mir.
Nie wird er
mich um Verzeihung bitten
in seiner Selbstgerechtigkeit.

Ich bin nicht nur zornig,
nein, ich hasse ihn.
Was er mir angetan hat,
ist unverzeihlich.
Im Grunde meines Herzens weiß ich,
dass ich mit meiner Unversöhnlichkeit
den Schaden
nur noch größer mache,
denn Hass
vergiftet die Seele.
Wo der Hass wohnt,
kann dein Geist nicht sein.
Herr, ich bitte dich,
befreie mich von der Unfähigkeit
zu vergeben.
Mach mich bereit und fähig,
zu sehen,
dass das Böse
auch in meinem Herzen wohnt
und dass wir alle
davon leben,
dass du uns immer wieder
einen neuen Anfang schenkst.

Das Böse in mir

Wer du auch immer sein magst
in deinen Augen
und in den Augen anderer Menschen:
Gott sieht dich an,
darum bist du zuallererst
ein an-gesehener Mensch.

Du steigst mit mir hinunter,
Herr,
in die Dunkelkammern meines Lebens.
Schritt für Schritt
enthüllst du mir
mein wahres Antlitz.
Meine Abgründe sind viel dunkler,
als ich es je geahnt hätte.
Im Licht deiner Gegenwart
erkenne ich meine Neigung zum Bösen.
Wie von unwiderstehlichen Mächten getrieben,
lasse ich mich wieder und wieder hinreißen,
dir die Herrschaft
über alle Bereiche meines Lebens
streitig zu machen.

Wo ich mich dir aber verweigere,
öffne ich anderen Mächten die Tür.
Die negativen Kräfte gewinnen Raum,
und mein Leben wird Zeugnis
meiner Entfremdung von dir.
Ich weiß, dass ich fähig bin,
gleichgültig zu sein gegen fremde Not,
Menschen zu verletzen,
zu verachten und zu hassen,
Dinge zu missbrauchen,
erbarmungslos auf meinen Vorteil auszusein,
Macht zu genießen,
Versöhnung zu verweigern.
Und immer finde ich Gründe,
mich insgeheim zu verteidigen
und meine Schuld zu verharmlosen.
Ich erschrecke, Herr, vor mir.
Aber ich danke dir,
dass du mich meiner Dunkelheiten überführst.
Du wirst mich verwandeln
und mehr und mehr zu dem machen,
der ich nach deinem Herzen sein soll.
Das ist meine Hoffnung.

Einstehen für fremde Schuld

Ich glaube nicht an das Gute im Menschen.
Aber ich glaube,
dass Gott nie einen Menschen aufgibt
und dass es darum auch im schlimmsten Fall
gut mit ihm werden kann.

Mein Herr,
ich kann es kaum noch mit ansehen,
wie die große Schuld,
die er auf sich geladen hat,
ihn innerlich zerfrisst.
Und doch findet er nicht den Weg,
sein verhängnisvolles Versagen einzugestehen.
Er redet sich ein,
er habe so handeln müssen,
und wälzt die Schuld ab
auf die Umstände,
auf andere Menschen.
Mein Gott,
befreie ihn doch
aus dieser furchtbaren Verstrickung.
Nimm ihn bei der Hand.

Gib ihm den Mut,
das Böse in sich zu erkennen
und zu bekennen;
vor sich selbst,
vor dir
und vor denen,
die er so leiden gemacht hat.
Lass ihn die Freude der Vergebung erfahren,
und hilf, dass trotz allem
aus dem angerichteten Unheil
Gutes werden kann.

Die Entfremdung überwinden

Verstehen
heißt lieben.
Wenn wir einander
nicht mehr verstehen,
so beruht das
auf einem Mangel
an Liebe.

Gott,
wie qualvoll ist das,
dass wir einander
trotz so verzweifelten Bemühens
nicht mehr verstehen.
Das Wort
reißt Gräben auf,
statt Brücken zu bauen.
Je mehr wir das Gespräch suchen,
desto mehr entfernen wir uns voneinander,
und jeder ist
mit seiner Not
allein.

Du, unser Herr,
ich bitte dich,
gib uns die Augen deines Herzens,
denn nur mit dem Herzen
können wir einander
wirklich wahrnehmen.
Jeder von uns
möchte zuerst verstanden werden.
Erneuere unsere Liebe,
damit wir zuerst
verstehen.

Ich will umkehren

Umkehren
– erwartet sein,
Umkehren
– der Umarmung des Vaters entgegenlaufen,
Umkehren
– der Freude die Tür aufstoßen,
Umkehren
– sich der Erfahrung öffnen,
dass ich um meiner selbst willen geliebt bin,
Umkehren
– gemessen werden an meiner Bedürftigkeit
und nicht an meinem Tun,
Umkehren
– ohne Maß beschenkt werden.

Zu dir zurückkehren,
wenn ich mich verirrt
und letzte Erfüllung
in Vorläufigem gesucht habe.
Zu dir zurückkehren,
wenn ich das Dürsten meiner Seele
zu betäuben gesucht habe,
indem ich mein Herz an Dinge hängte

und meinen Wünschen zu besitzen
keine Grenzen setzte.
Zu dir zurückkehren,
wenn ich mich aufgelehnt habe
gegen deinen Willen
und dir insgeheim unterstellte,
du wollest mir Begehrtes nicht gönnen.
Zu dir zurückkehren,
wenn mein Gebet verstummt ist
und ich mich glauben gemacht habe,
du nähmest keinen Anteil an meiner Not.
Zu dir zurückkehren,
wenn ich dem Alltag erlaubt habe,
mich zu versklaven,
und keine Zeit mehr fand
für die Stille vor dir.
Zu dir zurückkehren,
wenn ich den Sorgen und Ängsten
die Herrschaft überlassen habe,
statt dir zu vertrauen
und mich dir zu lassen.
Zu dir zurückkehren, Herr,
nicht, um wieder und wieder zu fliehen,
sondern um endlich zu bleiben.
Das erbitte ich.

Mit Entbehrungen leben

Preisgegeben
den engen Grenzen:
dein Leben;
einem Samenkorn gleich,
das der Wind
in eine Mauerritze wehte.
Du kannst versuchen,
die Mauern zu sprengen,
und deine Kräfte werden
in kurzer Zeit
verzehrt sein.
Du kannst dich verweigern
dem Schicksal,
das dich in solche Kargheit zwang,
und du wirst
vorzeitig
verkümmern.
Aber auch dies kann geschehen,
dass dein Mangel
dich entdecken lässt,
dass über dir
der Himmel sich weitet,
dass die Sonne dich lockt,
sich ihr entgegenzustrecken,
nach oben zu wachsen,

und Fülle des Lebens
dir bereitet ist
und ungeahnte Frucht.

*W*ie in einem Netz, Herr,
dem ich nicht entrinnen kann,
bleibe ich immer wieder hängen
an dem, was ich entbehren muss,
an den Grenzen,
in denen mein Leben sich vollzieht,
an den Lasten,
die zu tragen mir auferlegt sind.
Und ich verliere aus dem Blick,
dass ich beschenkt bin
und immer wieder beschenkt werde
von dir.
Auch wenn meine Gefühle hinterherhinken:
Herr, ich will dich loben, ich will dir danken,
ich will mich befreien lassen,
meinen Blick auf dich zu richten.
Dir lasse ich meine Sorgen.
Dir lasse ich meine ungeheilten Erinnerungen.
Dir lasse ich meine unerfüllten Sehnsüchte.

Lass mich erfahren,
dass du für mich sorgst.

Lass mich erfahren,
dass schmerzliche Erinnerungen
ihre Macht über mich verlieren.
Lass mich erfahren,
dass du erfülltes Leben schenkst
mitten in allem,
was mir versagt blieb.
Herr, ich will dich preisen.
Du bist mein Gott.

Abschiednehmen

Die Pflöcke herausreißen,
die Zelte abbrechen,
immer wieder,
oft unter Tränen.
Nicht Wurzeln schlagen
im Endlichen,
dem Nachhausekommen
entgegenreifen.

Abschiednehmen,
mein Gott,
ist wie ein Stück Tod.
Jetzt, da ich gehen muss,
wird mir bewusst,
wie eng verflochten mein Leben
mit dem der Freunde ist.
Einsam werde ich sein,
fremd und verloren,
voller Sehnsucht nach Rückkehr.

Im Grunde meines Herzens
bin ich nicht bereit fortzugehen.

Darum bitte ich dich:
Richte meinen Blick nach vorn.
Lass mich nicht nur äußerlich aufbrechen.
Wenn ich zu sehr
am Vergangenen haften bleibe,
werde ich nicht offen sein
für neue Begegnungen.
Das Fremde wird seine Fremdheit nie verlieren.

Ins Ungewisse breche ich auf
und doch auch ins Gewisse,
denn du bleibst mir nahe.
Du geleitest mich.
Du hast mir längst den Weg gebahnt.
Du hilfst mir,
dass auf dem Boden des Schmerzes
die Dankbarkeit wachse
für alles, was ich hier empfangen durfte.

Trennung bestehen

Wenn es dir Kummer macht,
dass du nichts mehr tun kannst
für einen Menschen,
der deinem Herzen nahesteht,
so gedenke,
dass der Herr die Seinen ermächtigt hat
zu segnen.
Du ahnst nicht,
welche Kostbarkeit
du dem anderen mitgibst
auf seinen Weg,
wenn du ihn segnest.

Diesen Menschen,
an dem mein Herz hängt,
der mir gänzlich unersetzlich ist,
freigeben
für seinen eigenen Weg,
das ist so unsagbar schwer,
mein Gott.
Ein härterer Verlust
hätte mich nicht treffen können.

Diesen Menschen loslassen,
mit dem ich Innerstes teilen konnte,
der mich reich gemacht hat
wie kein anderer,
Schmerzlicheres konnte mir nicht geschehen.
Beraubt fühle ich mich
und grenzenlos verlassen.
Tag und Nacht
quält mich das Heimweh.

Ich weiß nicht,
wie ich es zuwege bringen soll,
die harte Wirklichkeit anzunehmen.
Unfassbar ist mir alles.
Mein Gott, bleibe bei mir.
Lass mich mit meinem Entsetzen
nicht allein.
Lass mich nicht bitter werden,
dass sich unsere Wege getrennt haben,
sondern mitten in aller Traurigkeit
dankbar bleiben für das,
was wir einander
für eine begrenzte Zeit sein durften.

Im Angesicht des Todes

Gewiss
ist es richtig,
dass in der Ewigkeit
Gemeinschaft mit Gott
das einzig Wesentliche ist.
Doch Richtigkeiten
sind oft kalt und lieblos.
Das wäre nicht
ein Gott der Liebe,
der Menschenliebe
so gering achtete,
dass er dem Tod erlaubte,
Liebende auf ewig
auseinanderzureißen.
Nicht groß genug
können wir denken
von der Barmherzigkeit
des Herrn.
In Ewigkeit
ist sie Zuflucht
allen Liebenden.

*M*ein Gott,
allein zurückzubleiben
nach soviel Jahren
geteilter Freuden,
geteilter Nöte,
geteilter Hoffnungen,
geteilten Lebens
ist grausam.
Mein Herz will es
nicht begreifen,
dass der Tod
uns, die wir zusammengehören,
auseinander riss.
Einem waidwunden Tier
bin ich gleich,
das keine Zuflucht findet.
In unermessliche Tiefen
falle ich.
Fang mich auf, Gott;
fang mich auf!

Betroffen vom Leid deines Volkes

Gott loben nach Auschwitz,
ohne die Leiden der Geopferten
zu verkleinern,
kann nur geschehen
im Aushalten der Unbeantwortbarkeit
des Schrecklichen
und im erschütternden Wissen darum,
dass Gott
in Auschwitz gelobt wurde.

*E*inem jüdischen Mitmenschen
zu begegnen,
Herr,
berührt mich immer wieder
so schmerzvoll.
Die Leiden deines Volkes
lassen mich nicht los.
Nie kann das Verbrechen,
das mein Volk an ihm beging,
gesühnt werden.

Gott, ich kann es nicht fassen,
dass ausgerechnet
dein geliebtes Volk
Qualen durchleidet,
die grausamer
nicht auszudenken sind.
Ich weine,
Herr,
um dein Volk.

Ich dürste nach Leben

Regenschwer
der Himmel,
alle Farben
verschlungen
vom Düstergrau.
Auf menschenleeren Wegen
bedroht dich
des Waldes Schwärze.
Nicht auszudenken,
dass die entlaubten Bäume
je wieder knospen sollen.
Eisiger Wind
reißt raubvogelgleich
jede Hoffnung
mit sich fort.

So erfahre ich
mein Leben, Herr,
grau, entfärbt, trostlos.
Einsam gehe ich meinen Weg
voller Sehnsucht
nach Wärme, nach Licht,
nach Hoffenkönnen.

Einem entlaubten Baum
bin ich gleich,
der nur den Winter kennt.

O Herr,
ich möchte meine Wurzeln
tief hineinsenken
ins Erdreich deiner Liebe.
Wenn die Kraft deines Geistes
mich durchströmt,
kann meine Erstarrung
sich lösen,
kann ungeahntes Leben
hervorbrechen,
und was ich jetzt
als undurchdringliches Grau erlebe,
wird durchlichtet sein.
Ich werde wieder atmen können,
weil du
mich lebendig machst.

An Gott leiden

Lass ihn ein,
den Engel,
der vor deiner Tür steht,
höre seinen Gruß,
du Enthoffneter.
Ungeahnte Hoffnung
wirst du tragen in dir.
Blühen wird es
in der Dürre deiner Seele.
Sei gewiss,
das Undenkbare,
das Unerwartete,
das Unmögliche
wird geschehen,
denn in dir
will der Herr
sich Wohnstatt bereiten.

Wo bist du, mein Gott?
Ich suche dich
mit wachsender Verzweiflung,
aber ich schreite nur
durch leere Räume.

Nimm die Nacht
aus meinen Augen,
dass ich dich erkenne
und die Angst
von mir weiche.

Gott suchen

Ein letztes tiefes Verlangen nach Gott
ist immer Vorbereitung
auf die Begegnung
mit ihm.

*H*err, du mein Gott,
ich habe ein so starkes Verlangen,
mit innerster Hingabe beten zu können.
Einsinken möchte ich
in deine Gegenwart,
an nichts anderes denken
als an dich,
nichts anderes wollen
als vor dir sein;
nicht behindert werden von meiner Müdigkeit,
nicht gelähmt werden
von dem Gefühl innerer Leere,
nicht gelenkt werden von meinen Wünschen,
nicht entmutigt werden von meinen Zweifeln.

Auf deinen Geist warte ich,
dass er mir zu Hilfe komme.
Komm, du mein Gott,

und bahne dir den Weg zu meinem Herzen,
dass es sich weite
zu grenzenlosem Vertrauen.
Ich danke dir,
dass ich mich danach sehne,
dir nahe zu sein,
denn meine Sehnsucht ist dein Ruf
an mich.

Halt suchen

Du magst suchen
und suchen.
Letzte Antwort
auf die Frage
nach dem Leid
wirst du nicht finden
in dieser Welt.
Doch suche
dies Geheimnis zu ergründen,
woran es liegt,
dass Menschen versteinern
unter ihrer Leidenslast,
verhärten und verbittern,
und anderen
wird das schmerzdurchpflügte Herz
zum Acker.
Die Tränensaat geht auf
zu Güte, Verstehen und Erbarmen.

Leid kann zerstören,
aber wo du dich vertrauend beugst
dem Unfassbaren,
ist diese Macht ihm schon genommen.
Lehne dich nicht auf,
so trägt dich jeder Schmerz
zu neuen Ufern.

*H*err,
ich möchte mich festhalten
an deinem Wort,
aber meine Hände
sind kraftlos geworden.
Jetzt muss dein Wort
mich festhalten.

Sehnsucht nach Gott

Wie zwei Menschen,
die einander lieben,
immer beisammen sind,
so sollten wir es lernen,
in ständigem Zwiegespräch
mit Gott zu leben.
Auf diese Weise vermag unser Gebet
unseren ganzen Alltag zu durchdringen.

*V*ergeblich versuche ich,
mir ein Gebet abzuringen.
Nichts bringe ich hervor
als ein paar dürre Worte.
Einem ausgetrockneten Bachbett
ist meine Seele gleich.
Eine Fessel von Müdigkeit und Leere
hat sich um mich gelegt.
Lass mich spüren, mein Gott,
dass du mich nicht verlassen hast.
Berühre mich mit deinem Geist,
dass er in mir bete.
Ich bin doch dein.

Lösch alles in mir aus,
was deinem Geist im Wege steht.
Geduldig will ich warten,
denn ich weiß,
dass ich dir nicht immer
in gleichem Maße nahe sein kann.
Auch die Seele
hat ihre Gezeiten.
Herr, mein Gott,
ich sehne mich nach dir.
Verlieren möchte ich mich
im Lobpreis deiner Herrlichkeit.
Freuen möchte ich mich
an deiner Gegenwart.
Komm, Herr, Heiliger Geist.

Zu Gott fliehen

Eingegraben
unauslöschlich
in der Hand des Herrn:
dein Name.

*A*us eigener Kraft,
Herr,
vermag ich es nicht,
aber in der Kraft deines Geistes
gebe ich dir aufs neue mein Ja.
Dir will ich angehören
mit ungeteiltem Herzen.
Mitten in meiner unerträglichen Situation
bekenne ich:
Du bist mein Gott.
Du bist mir verborgener denn je,
aber ich will dir vertrauen.
Auswegloser als jetzt
habe ich mein Leben nie erfahren,
aber du weißt den Weg.
Ich spüre deine Liebe nicht,
aber ich will nicht auf meine Gefühle bauen.
Für alle Zeit bin ich dein.

Du ermisst die Tiefe meines Erschreckens
und weißt
um die Dürftigkeit meines Glaubens.
Du nimmst dich meiner Schwachheit an.
Selbst in der äußersten Verlassenheit
bist du da.
Ich werde nicht zerbrechen,
denn du wachst über mir.

Das Schweigen brechen

Nicht darin
liegt die Behutsamkeit,
dem geliebten Menschen
mein Leiden
zu verbergen,
sondern ihm zu erlauben,
es mit mir
zu teilen.

O Gott,
ich konnte es dem geliebten Menschen
bisher nicht sagen,
in welch ausweglose Not
mein Leben geraten ist.
Ich habe Angst,
ihm Lasten aufzubürden,
die für ihn
zu schwer sind.
Ich habe Angst,
ihn zu erschrecken
und ratlos zu machen.
Seinem Fragen
bin ich ausgewichen.

Aber heute
habe ich gespürt,
wie schmerzlich es für ihn ist,
ausgeschlossen zu sein
von dem, was mich umtreibt.
Ich lasse ihn
mit allem Suchen und Vermuten
allein.
Gib mir behutsame Worte,
mich aufzuschließen.
Gib uns die Kraft,
die Last
in Liebe
miteinander zu tragen.

Wenn die Kraft des Glaubens nicht standhält

Du und ich,
jeder durchwandert
seine Nacht
allein.
Unteilbar
ist der Schmerz.
Aber wenn der Morgen
der Ewigkeit
anbricht,
wird uns einen
die Freude.

Ich bin nicht stark, Herr,
nicht tapfer.
Meine Tragfähigkeit
ist solchen Lasten
nicht gewachsen.
Wie soll
das schwache Pflänzlein
meines Glaubens
überleben
zwischen den Mühlsteinen
ausweglosen Leidens.

Herr, ich habe schreckliche Angst.
Nicht einmal mehr zu schreien
vermag ich.
Die Erstarrung meiner Seele
wächst von Tag zu Tag.
Ich bin mehr tot
als lebendig.
Höre mich, Gott,
ehe ich gänzlich verstumme.

Geborgenheit brauchen

Aufgenommen
von den Armen
der Mutter.
Von unbezwingbarer Macht
ihr Herzschlag.
Urgeborgenheit
für das Kind.

Nie entwachsen wir
der Bedürftigkeit,
umarmt zu sein.
Und doch:
Einander bergen
können wir
immer nur
bruchstückhaft.
All unser Umarmen
weist über sich hinaus
auf den,
an dessen Herz
kein Entbehren
mehr sein wird.

*U*nstillbar, Gott,
ist mein Verlangen
nach Geborgensein.
Aber das Haus,
in dem ich wohne,
ist nicht mein.
Einmal werde ich
gehen müssen.

Die Menschen,
mit denen ich mein Leben teile,
gehören mir nicht.
Einmal werden wir
Abschied nehmen voneinander.
Schon hat der Tod
Beziehungen ausgelöscht,
in denen ich zu Hause war.
Es ist ungewiss,
ob meine Freunde von heute
auch morgen
meine Freunde sein werden.

Mein Arbeitsplatz ist nicht
für alle Zeit gesichert.
Einmal werde ich alt werden,
und meine Schaffenskraft
wird erlahmen.

Es kann geschehen,
dass ich eines Tages
nicht mehr geben kann,
sondern nur noch nehmen muss.

Lass mich beizeiten lernen,
dass ich im Tiefsten
nur bei dir zu Hause bin,
Herr, du mein Gott,
du mein Vater,
du meine Mutter,
was auch geschehen mag;
Ich bin dein.

Dennoch vertraue ich

Gott loben
heißt ausbrechen
aus dem Teufelskreis
der Ichzentriertheit
und eine neue
Umlaufbahn bekommen.

Für die Inseln des Trostes
mitten in einem Meer von Leid
danke ich dir, Herr, du mein Gott.
Du führst mich durch unwegsame Schluchten,
großen Schrecken bin ich ausgeliefert
und bin dennoch behütet.
Meine Kraft ist längst erschöpft,
aber du trägst mich hindurch.
Nicht dass die Stimmen des Misstrauens
und des Sichauflehnens
verstummt wären in meinem Herzen,
aber ich weiß,
dass sie unrecht haben.

Sie verlieren ihre Macht,
wenn ich deine Stimme erhorche.

Du sagst zu mir:
»Fürchte dich nicht,
ich, dein Gott, verlasse dich nicht.«

Lobpreisen will ich dich
für alle Treue.
Ich erfahre, was Verzweiflung heißt,
aber gleichermaßen umgibt mich
das Geheimnis des Getröstetseins.
Auch wenn die Finsternis noch wächst,
sie ist nicht die einzige Wirklichkeit
meines Lebens.

Wenn meine Augen vertraut geworden sind
mit der Dunkelheit,
kann ich wahrnehmen,
dass immer noch Licht einfällt:
Du schenkst mir Menschen,
die sich meiner Klage nicht verschließen,
die für mich einstehen vor dir.
Du hältst mir Brot und Wein bereit
und umarmst mich im heiligen Mahl.

Mein Herz darf ich ausschütten vor dir.
Du hilfst mir,
dass ich nicht versinke im Selbstmitleid,
sondern teilnehmen kann
an fremder Trauer.

Beides lässt du wachsen in mir:
die Fähigkeit zu leiden
und die Fähigkeit zu lieben.
Du befreist mich von dem Drang,
den Sinn alles Leidens
hier und jetzt erkennen zu wollen.
Herr, mein Gott, ich lobpreise dich,
denn ich weiß,
am Ende
wird alle Klage von mir abfallen.
Am Ende
wirst du alles Erlittene
verwandeln in Freude.

Stellvertretend glauben

Es gibt eine Tiefe des Schmerzes,
die nicht mitteilbar ist,
die auch der geliebteste Mensch
nicht bis ins letzte einzufühlen vermag.
Nur die Liebe Christi
gewährt uns Zuflucht,
denn vollkommene Liebe
bedeutet vollkommenes Mitleiden.

Deine ungeteilte Liebe
gehört diesem Menschen,
das weiß ich, Herr.
Sein Leben ist eingebunden
in deine Freundschaft.
Du kannst nicht vorübergehen
an seinem Elend,
weil es deinem innersten Wesen widerspräche;
das ist meine Hoffnung für ihn.
Wie schwer ist es, mein Gott,
mit anzusehen,
wie er sich langsam,
aber unausweichlich zerstört.
Zu schwach ist unsere Liebe,

um rettungsmächtig zu sein,
aber deiner Liebe
ist er erreichbar.
Seine Lebensgeschichte
ist aufbewahrt in deinem Herzen.
Du kannst die Not wenden,
du kannst ihn heilen.
Deine Hände sind stark genug,
ihn dem dunklen Sog der Zerstörung
zu entreißen.
Weil ich dessen gewiss bin,
muss ich ihn nicht aufgeben.
Abgeben will ich ihn
an dich
und dir danken,
dass du kommen
und an ihm handeln wirst.

Das Elend der Kirche

Kirche
kann nur Kirche sein,
wenn in ihr
die beständige Bitte um den Heiligen Geist
lebt.

Herr, mein Gott,
die Gestalt deiner Kirche
beelendet mich,
und manchmal frage ich mich,
wie lange du uns noch erträgst.
Wir sind eine Kirche,
die äußerlich aufgebläht
und innerlich verkümmert ist.

Wir haben die Botschaft,
die du uns anvertraut hast,
verharmlost, verstellt, verraten.
Deinen Geist haben wir ausgesperrt
und aus der Kirche des Wortes
eine Kirche der Wörter gemacht.

In dem Bestreben, es allen recht zu machen,
haben wir uns auf billige Weise angepasst
und das Ärgernis des Glaubens beseitigt.
Statt um das Kommen deines Reiches
haben wir uns nur um unsere Existenz gesorgt.
Wir haben die Vollmacht verloren,
die du deiner Kirche verheißen hast.
Wir sind blind geworden
für die Zeichen der Zeit.
Wir haben uns eingerichtet in dieser Welt
und dein Kommen aus den Augen verloren.
O Herr,
erbarme dich deiner Kirche;
lass uns endlich umkehren
von unseren Irrwegen.
Erlöse uns von der Geist-losigkeit,
und erneuere uns von Grund auf.

Sein, der ich bin

Unerbittlich
zu immer neuen Leistungen dich antreibend:
der Richter in dir.
Tag für Tag
wirst du verklagt, entwertet.
Tag für Tag:
du musst, du sollst.
Vernichtigt wird,
was dir gelang,
gebrandmarkt dein Versagen.

Gerichtet ist der Richter.
Weißt du es nicht?
Der aller Richter Richter ist,
der hat dich freigesprochen.

Mein Gott,
ich stelle so überhöhte Ansprüche an mich.
Nie kann ich ihnen gerecht werden.
Immer bleibe ich weit hinter dem zurück,
der ich gern sein möchte.
Meine Erschöpfung wächst von Tag zu Tag.

Heile mich von allem falschen Ehrgeiz.
Weil ich dir wichtig bin,
muss ich mich nicht wichtig machen.
Weil ich dir wert bin,
muss ich mir nicht selber einen Wert geben.
Ich darf sein, der ich bin.
Dank sei dir.

Zum Lob befreit werden

Wir meinen so oft,
unser Lob sei etwas,
das wir Gott geben,
aber wer je die heilende, verwandelnde Kraft
des Lobes Gottes an sich erfahren hat,
der weiß, dass wir immer
die Beschenkten sind.

Wenn ich dich zu loben versuche,
mein Gott,
spüre ich meine innere Leere,
meine Unfähigkeit, dir zu antworten.
Senke dein Lob hinab
in meine Tiefen.
Wenn dein Geist
die Saiten meiner Seele berührt,
dann beginnt mein Innerstes zu schwingen,
und ich vermag dich zu loben
mit meinem ganzen Sein.

Wer bin ich?

Je mehr du dich finden willst,
desto mehr wirst du dich verlieren,
denn wer du bist,
das kannst du dir nicht selber sagen.
Je mehr du dich an Gott verlierst,
desto mehr wirst du dich finden,
denn er sagt dir, wer du bist.

*I*ch bin des Maskentragens so müde,
mein Gott,
und doch kann ich mich meiner Maske
nicht entledigen.
Wie oft sieht es so ganz anders aus in mir,
als ich mich nach außenhin gebe.
Ich habe Angst,
mich dem Nichtverstehen auszusetzen,
dem Nichtangenommensein,
wenn ich mich schwach zeige.
Ich fürchte ganz allein dazustehen
mit meiner Art,
Menschen und Dinge zu sehen.
Mir ist bange
vor dem unbarmherzigen Zugriff derer,

die vorschnell mit starren Urteilen
bei der Hand sind.
Du weißt,
dass ich in so vielem nicht der bin,
für den meine Umwelt mich hält.
Mich zu verbergen
verleiht mir ein Stück Sicherheit,
aber es macht mich auch einsam.
Manchmal frage ich mich,
ob ich mir nicht selber
ein falsches Bild von mir mache.
Ich kann eine Rolle spielen
und zugleich mein eigener Zuschauer sein.
Was ist echt? Was ist gespielt?
Oft weiß ich es selber nicht.
Du siehst mich an, mein Gott.
Du kennst mich.
Vor dir kann ich rückhaltlos ausbreiten,
was mich im Innersten bewegt.
Ich bin immer schon verstanden.
Ich bin immer schon angenommen.
Deinen Augen bin ich kostbar,
wie unansehnlich
ich mir selber auch vorkommen mag.
Dein Gedanke bin ich.
Hilf mir, dass ich mich sehen lerne
im Spiegel deines Angesichtes.

Ein Mensch sein wollen
nach dem Herzen des Herrn

Die größte Not unseres Lebens
wurzelt in unseren unverwandelten Herzen.

*I*ch bin meiner selbst so müde.
Mutlos werde ich,
wenn ich wahrzunehmen wage,
wieviel Widerstand gegen dich,
mein Gott,
in meinem Herzen nistet.
Wieviel Böses wohnt in mir,
auch wenn vieles nicht zum Ausbruch kommt,
wieviel Gleichgültigkeit,
wieviel Unfähigkeit zu liebender Hingabe.

Manchmal träume ich, Herr,
von einem neuen Herzen.
Ein Herz ersehne ich mir,
das sich ganz an dich verliert,
ein Herz, das für dich brennt
und deinen Willen liebhat,
ein Herz voll Vertrauen,
ein Herz, in dem Raum ist

für die Leidenden,
ein Herz, das sich nicht ängstlich einmauert,
sondern wagt,
seine Verwundbarkeit anzunehmen,
weil es aus deiner heilenden Liebe lebt,
ein Herz,
das mitten im Lärm deine Stimme erkennt;
in dem dein Lobpreis lebendig ist.
Lass mich nicht müde werden,
mein Gott,
ein solches Herz von dir zu erbitten.

Das Habenwollen überwinden

Sich zu Gott gehörig wissen,
im Einklang sein mit seinem Willen,
seine Gegenwart erfahren,
trösten können,
verstehen und verstanden werden,
die Schönheit der Schöpfung wahrnehmen,
Musik erleben,
geben können,
dankbar sein,
das Glück der Begegnung erfahren,
teilen können,
Vertrauen schenken und empfangen,
zärtlich sein,
sich an einen Menschen verlieren,
schöpferisch sein,
herzlich sein,
sich freuen können —
das macht reich.

Mein Gott,
ich bin traurig über mich.
Dem Unerfülltsein
wollte ich entrinnen.

Immer neue Wünsche
habe ich mir erfüllt,
und plötzlich habe ich bemerkt,
dass die Dinge mich besitzen,
dass ich nicht mehr die Freiheit habe,
zu verzichten.
Sie halten mein Herz besetzt
und beherrschen meine Gedanken.
Ich lebe nicht mehr in die Tiefe.
Mitten in allem Überfluss
darbt meine Seele.

Ich erkenne meine Schuld
im Vergessen derer,
die in Armut und Elend leben.
Ich erkenne meine Schuld
in der Flucht vor dir,
mein Gott.
Von den Dingen erwartete ich die Erfüllung,
die nur du zu geben vermagst.
Ich bitte dich,
löse mich ganz los
vom Hängen an Besitz.
Lass mich erfahren,
was ich im Grunde meines Herzens weiß,
dass Verzicht frei macht,
frei für dich,
frei für andere Menschen,
frei für die wirklichen Reichtümer.

Ich möchte liebesfähig sein

Die Sehnsucht,
wahrhaft lieben zu können,
ist der erste Schritt
auf dem Weg
zur Liebe.

Nur wo wir lieben,
Herr,
da ist Sinn.
Doch nirgends versage ich
so sehr
wie in der Liebe.
Ausgerechnet dem Menschen,
der meinem Herzen
am nächsten steht,
füge ich Schmerz um Schmerz zu.

Liebe schenkt Freiraum,
ich aber will besitzen.
Liebe kann geduldig warten,
ich aber bin voller Ungeduld,
Liebe verzeiht,
ich aber klage an.

Liebe fordert nicht,
ich aber stelle Ansprüche.

Herr,
du kennst meine Sehnsucht,
wahrhaft lieben zu können
mit innerster Hingabe,
ohne Berechnung,
in der Bereitschaft zu leiden.
Du allein bist der vollkommen Liebende.
Fülle mein liebesarmes Herz
mit dem Reichtum
deiner Liebe.

Liebe leben lernen

Einen Menschen lieben heißt
seine Schönheit und seine Bedürftigkeit
gleichermaßen wahrnehmen.

Wir haben uns so weit voneinander entfernt,
Herr, dass wir einander wie Fremde
gegenüberstehen
und ich Angst haben muss,
diesen geliebten Menschen gänzlich zu verlieren.
Ich danke dir, dass ich ihn
trotz alles Nichtverstehens
trotz alles Verletztwerdens
immer noch liebhaben darf.
Ich danke dir, dass du ihn liebst
mit einer Liebe,
die nicht so begrenzt,
so hilflos und schwach ist
wie die meine.
Ich danke dir, dass deine Liebe
sein ganzes Sein umfängt,
auch das Unvollkommene,
auch das, was mich an ihm leiden macht,
woran ich mich immer wieder stoße.

Ich danke dir, dass du ihn wahrnimmst,
wie er im tiefsten ist,
dass deine Liebe ihn unaufhaltsam
verwandeln kann,
wo er an sich selber leidet.

Mache mich fähig und bereit,
die wunderbaren Möglichkeiten
sehen zu lernen,
die du in ihn hineingelegt hast,
sie stellvertretend für ihn zu glauben,
wo er voller Misstrauen gegen sich ist.
Hilf mir, ihn innerlich nicht zu verlassen,
wenn ich mich enttäuscht
und unverstanden fühle.
Schenke mir im rechten Augenblick
das verbindende Wort,
das liebevolle Schweigen,
das barmherzige Verzeihen.
Lass mich immer wieder dessen eingedenk sein,
dass ja auch ich ihm zu tragen gebe
mit meinem Versagen,
mit allem, was mir mangelt
und dessen er doch bedürftig wäre.

Herr, du weißt,
wie oft ich ihn überfordert habe,
wie oft ich mehr erwartete,

als er zu geben vermochte,
wie oft ich ihn verantwortlich gemacht habe
für mein Unerfülltsein,
statt an mir selbst zu arbeiten.
O Herr, ich möchte lernen,
alles Schöne an meinem Partner zu entdecken,
ihn nicht zu entwerten,
weil es Sehnsüchte gibt,
die er mir nicht zu stillen vermag.
Mache mich zum Segen
für diesen Menschen,
den ich liebhabe
wie sonst niemand auf dieser Welt.

Meine Kinder brauchen mich

Ein Kind.
Verstohlen hat es
seine kleine Hand
in meine Hand
geschoben,
und Kinderaugen sagen:
Ich vertraue dir.

Nur ein Stück weit
kann ich dich begleiten,
Kind,
nur ein Stück weit
Schutz gewähren,
nur ein Stück weit
Zuflucht sein.
Doch sei getrost,
es ruhen unser beider Hände
in der Hand
des Vaters.

O Gott,
ich wäre meinen Kindern
so gern eine gute Mutter.

Ich bin so bestürzt
über all mein Versagen.
Du kennst meinen Mangel an Geduld.
Du weißt, wie schnell ich
die Beherrschung verliere
und sie beschimpfe,
statt das Gespräch zu suchen.

Manchmal werden mir
ihre Streitereien so lästig,
dass ich am liebsten
davonlaufen würde.
Ich fühle mich so verplant, Herr,
so überfordert
von all ihren Bedürftigkeiten,
von ihrem unersättlichen Hunger
nach Zuwendung.

Ich bin so selten
fröhlich und ausgeglichen.
Die Kinder spiegeln
meine innere Zerrissenheit.

Wie gern würde ich ihnen
eine Atmosphäre schaffen,
in der ihre Seelen sich entfalten können,
und wie wenig gelingt mir das.

Ich habe so viel falsch gemacht.
Ich bleibe ihnen so viel schuldig.
Ich bitte dich:
Heile in ihnen,
was ich ungewollt verletzt habe.
Fülle sie mit deiner Liebe,
wo meine Liebe
an ihre Grenzen kommt.
Gib mir wieder Mut, Herr,
Mutter zu sein,
nicht aus meiner,
sondern aus deiner Kraft.

Das Entsetzen teilen

Einen Menschen
ganz in meiner Herzensnähe behalten
und ihn gleichermaßen
ganz in Gottes Hände
und an sein Herz abgeben
ist etwas vom Schwersten.
Das Geheimnis,
es dennoch zu vermögen,
heißt Heiliger Geist.

Dass ein Mensch,
der dir so hingegeben dient,
Gott,
sich so quälen muss,
heimgesucht von Schmerzen,
die die Ufer des Erträglichen
längst überflutet haben,
das erschreckt mich ohne Maß.
Dass einer,
der schon so verwundet ist,
von immer neuen Schicksalspfeilen
getroffen wird,
lässt mich Gefahr laufen,
an dir irre zu werden.

Schreit denn seine Not
nicht zum Himmel?
Warum gibst du ihn
der Zerstörung preis
und hast doch Macht,
mit einem Wort
ihn seinem Elend
zu entreißen?
Warum entziehst du dich
all unseres Schreiens?

O Gott,
gib ihm ein Zeichen,
leibhaft spürbar,
dass du ihn nicht verlassen hast.
Lass ihn
nicht länger warten;
es ist spät geworden.
Komm, du sein Gott,
an dem er hängt,
obwohl er fast zugrunde geht.
Wer sollte ihm zu Hilfe eilen,
wenn nicht du,
der du ihm zugesagt hast,
dass er dein sei?

Elend wahrnehmen

In weiche Kissen lasse ich mich fallen.
Ich strecke mich behaglich aus
auf meiner Bettstatt
und ziehe die wärmende Decke
über meinen Leib.
Jetzt nur noch schlafen.
Doch jäh stehen vor mir auf
die Bilder des Schreckens:
Auch in dieser Nacht
kauern sich Menschen
auf ein Lager von Unrat,
notdürftig aufgeschichtet
in ihrer Elendshütte.
Unbarmherzig
haben die Wasserfluten des Monsun
das Letzte geraubt,
das ihnen noch blieb:
den trockenen Boden.
Menschen, die den Schlaf suchen
und die Kälte finden,
die Seuche,
den Hunger.
Fragend richten sich auf mich
die Augen der Armen.
Es ist nicht wahr,
dass Indien weit weg ist.

*I*ch weiß, mein Gott,
dass die Mehrheit der Menschen
in unvorstellbarer Armut lebt.
Zu keiner Zeit meines Lebens
war ich arm.
Schwerlich kann ich ermessen,
was es heißt,
dass Leben ausschließlich darin bestehen kann,
täglich ums Überleben zu kämpfen.
Nie habe ich gefroren am eigenen Leib,
wie jene frieren,
beraubt jeglicher Hoffnung
auf wärmende Zuflucht.
Was weiß ich schon
von den verwüsteten Seelen der Mütter,
die dem Hungertod ihrer Kinder
tatenlos zuschauen müssen.

Lass mich nicht flüchten
vor den Bildern des Elends.
Wecke mich auf aus dem Schlaf der Sattheit.
Gib mir eine heilsame Unruhe ins Herz,
damit ich in meinen Grenzen
zu handeln fähig werde.

Das zerstörte Antlitz des Menschen

Vielleicht müssen wir zuzeiten verzweifelt sein,
hoffnungslos verzweifelt,
weil das der einzige Weg ist,
auf dem wir uns nach Gott zu sehnen beginnen.

O Gott, sieh das Elend deiner Menschheit.
Als dein Gegenüber hast du uns geschaffen.
Wir aber haben dich verlassen.
Getrieben vom Allmachtswahn,
sind wir dem Glauben
an die Machbarkeit aller Dinge
verfallen,
haben wir deine Herrschaft negiert,
und über uns kam
die Herrschaft des Bösen.
Je weniger wir dir vertrauten,
desto mehr glaubten wir an uns selber.
Das Wissen haben wir angebetet
und den Zweck zum Maß aller Dinge gemacht.
Entstellt ist unser Antlitz
von der Gier nach Besitz.

Erbarmungslos ausgebeutet haben wir die Erde,
die du uns anvertraut hast,
und ein heilloses Maß
an Zerstörung angerichtet.
Vernichtigt haben wir alle Werte.
Verwahrlost sind unsere Seelen.
Verarmt ist unser Geist.
Verstümmelt sind wir
durch unsere eigene Hand.
In unseren Häusern wohnt die Angst.
Wir schreien nach Frieden
und säen Vernichtung.
Bar jeglicher Orientierung
rennen wir dem Abgrund entgegen.
Wer erkennt, Herr, dein Gericht über uns?
Wir machen uns vor,
die Vernunft könne uns retten,
und sind noch immer nicht bereit,
umzukehren zu dir,
dir die Ehre zu geben,
deren wir dich beraubt haben.
O Gott, sieh das Elend deiner Menschheit.
Komm uns zu Hilfe mit deinem Erbarmen.

Zusammengehören mit dem Gekreuzigten

Gottes Liebe
ist nicht ablesbar
an unserem Ergehen,
sondern allein am Leiden Jesu Christi.

*D*u mein gekreuzigter Herr,
du mein zerlittener Gott,
weil du in deiner unbegreiflichen Liebe
völlig bei uns sein wolltest,
hast du dich ausgesetzt
dem Missverstandensein
der Anfeindung,
dem Hass,
dem Alleingelassenwerden,
der Hilflosigkeit,
dem Verwundetwerden an Leib und Seele,
einem unmenschlichen, qualvollen Sterben.

Was das heißt,
ist ein unauslotbares Geheimnis für mich.
Ich werde es nicht begreifen,
aber ich möchte von ihm ergriffen sein.

Vergib mir,
dass ich auf dein unfassbares Tun
nur so unzulänglich
zu antworten vermag.
Vergib mir,
dass ich deine Liebe
immer wieder in Zweifel ziehe
und im Leiden der Verzweiflung Raum gebe,
so, als ob keine Zuflucht da wäre.
Vergib mir meine mangelnde Bereitschaft,
mit dir zu leiden.

Du mein gekreuzigter Herr,
ich danke dir,
dass es kein Leid gibt,
in dem du nicht
bei uns wärest.

Wieder glauben können

Hineingerissen
in den Lobpreis
mit ungeahnter Macht.
Gebannt ist
die Finsternis,
die eben noch
dich zu verschlingen drohte.
Unfassbar ist,
was dir geschieht.
Schweig!
Worte sind kein Gefäß
für das Wunder.

*D*u, Herr,
hast mich herausgeholt
aus undurchdringlicher Finsternis.
Als jegliche Hoffnung mir entglitten war
und mein Lebenswille zerbrach,
hast du mir die Augen geöffnet
für deine Gegenwart.
Mitten in der Bedrängnis
habe ich es erfahren:
Du bist bei mir.

Gewaltsam wollte ich meine Last abwerfen,
du aber halfst mir,
sie mit anderen Augen anzusehen,
in ihr das Geheimnis deines Weges mit mir
zu ahnen.
Voller Freude ist mein Herz,
denn du hast mir
das Vertrauen in deine Liebe wiedergeschenkt.
Ich weiß: Es gibt einen Weg für mich,
auch wenn ich ihn noch nicht erkenne.
Ich weiß: Ich kann meine Last tragen,
auch wenn ich nicht stark bin.
Du bist bei mir.
Das ist genug für mich.

Um den Segen bitten

Nur der Beschenkte
kann ein schenkender Mensch sein,
nur der Getröstete
ein tröstender,
nur der Gesegnete
ein segnender.
Und was hätte unsere Welt nötiger
als schenkende, tröstende, segnende Menschen.

Herr, segne meine Hände,
   dass sie behutsam seien,
   dass sie halten können,
   ohne zur Fessel zu werden,
   dass sie geben können ohne Berechnung,
   dass ihnen innewohne
   die Kraft, zu trösten und zu segnen.

Herr, segne meine Augen,
   dass sie Bedürftigkeit wahrnehmen,
   dass sie das Unscheinbare nicht
   übersehen,
   dass sie hindurchschauen
   durch das Vordergründige,
   dass andere sich wohl fühlen können
   unter meinem Blick.

Herr, segne meine Ohren,
         dass sie deine Stimme
         zu erhorchen vermögen,
         dass sie hellhörig seien
         für die Stimme der Not,
         dass sie verschlossen seien
         für den Lärm und das Geschwätz,
         dass sie das Unbequeme nicht überhören.

Herr, segne meinen Mund,
         dass er dich bezeuge,
         dass nichts von ihm ausgehe,
         was verletzt und zerstört,
         dass er heilende Worte spreche,
         dass er Anvertrautes bewahre.

Herr, segne mein Herz,
         dass es Wohnstatt sei deinem Geist,
         dass es Wärme schenken und bergen
         kann,
         dass es reich sei an Verzeihung,
         dass es Leid und Freude teilen kann.

Lass mich dir verfügbar sein, mein Gott,
mit allem, was ich habe und bin.

Segen

Ich bin schwach,
ich kann mein Leben
nicht aus eigener Kraft bewältigen.
Aber ich darf Gottes Kraft erfahren,
darum muss ich mich nicht mehr auflehnen.
Ich kann mein Schwachsein annehmen.

Ich bin verletzbar,
ich kann mich nicht unberührt
darüber hinwegsetzen,
wenn ich Ablehnung und Unrecht erleide.
Aber ich darf
Gottes heilende Gegenwart erfahren;
meine Verletzungen
verlieren ihr Schwergewicht.
Ich kann mich wieder auf Menschen einlassen.

Ich mache mich schuldig,
ich versage immer wieder,
obgleich ich in allem leben möchte,
wie Gott es will.
Aber er lässt mich spüren,
dass er einen langen Atem hat,
darum muss ich nicht an mir verzweifeln.
Ich kann Geduld mit mir haben.

Ich bin voller Zweifel,
ich falle immer wieder ins Misstrauen zurück,
aber Gottes Heiliger Geist
überwindet meine Grenzen,
und ich darf Schritte des Vertrauens tun,
wo ich es gar nicht erwartet habe.
Ich kann mein Misstrauen an Gott abgeben.

Ich wünsche mir oft,
anders zu sein, als ich bin.
Aber so, wie ich bin,
erfahre ich:
Ich bin des Herrn bedürftig.
Meine Mängel sind das Gefäß,
in dem er sich mir schenkt.
Darum danke ich ihm,
dass ich bin,
wie ich bin.

Der Herr beschenke dich
mit der Behutsamkeit
seiner Hände,
mit dem Lächeln
seines Mundes,
mit der Wärme
seines Herzens,
mit der Güte
seiner Augen,
mit der Freude
seines Geistes,
mit dem Geheimnis
seiner Gegenwart.

Du bist nicht allein

Hrsg. von Ludger Hohn-Morisch

32 Seiten mit farbigen Abbildungen und Widmungsseite, Pappband
ISBN 3-451-27496-5

Die einfühlsamen Texte dieses Geschenkbändchens machen aus Worten erlebbare Wirklichkeit, vermitteln Trost und innere Ruhe – sie sind Begleiter in Stunden der Dunkelheit.

Die Nacht ist voller Sterne

Gebete in dunklen Stunden

128 Seiten, Paperback
ISBN 3-451-20936-5

Mit Sensibilität und Einfühlungsvermögen spricht die Autorin Trost zu. Ihre Gebete und Texte spiegeln eine wohltuende Gläubigkeit. Sie widmet ihr Buch jenen, die Begleitung suchen auf ihrem Weg durch die Nacht.

Erhältlich im Buchhandel!

HERDER

BÜCHER VON TROST, HOFFNUNG
UND ZUVERSICHT

Bernhard Häring
Ich habe deine Tränen gesehen
Trostbuch für Kranke und ihre Wegbegleiter
112 Seiten, Paperback – ISBN 3-451-26684-9

Hier spricht der Autor nicht als der große Theologe,
sondern als Mensch und Christ, der selber im Leid die
Grenze des Lebens erfahren hat. Dabei geht er vor allem
der einen Frage nach: Welche Rolle spielt der Glaube in
dunklen Phasen meines Lebens?

Anton Rotzetter
Gott, der mich atmen lässt
Gebete des Lebens
288 Seiten, Halbleinen – ISBN 3-451-27321-7

Inspiration und Begleitung – Der bekannte spirituelle
Autor Anton Rotzetter versammelt in diesem Buch
über 300 Gebete zu bestimmten Zeiten des Tages, des
Jahres und zur Vielfalt der Lebenssituationen und
Erfahrungen.

Erhältlich im Buchhandel!

HERDER